今天没出门，但是开心的一天

［日］尚喵·著

郑世凤·译

青岛出版集团 | 青岛出版社

KYO MO IPPO MO SOTO NI DENAKATTA KEDO II ICHINICHI DATTA.
KI NI SHISUGISAN GA JIBUNJIKU O TSUKURU MADE
©naonyan 2023
First published in Japan in 2023 by KADOKAWA CORPORATION, Tokyo.
Simplified Chinese translation rights arranged with KADOKAWA CORPORATION,
Tokyo through TUTTLE-MORI AGENCY, INC., Tokyo.

图书在版编目(CIP)数据

今天没出门,但是开心的一天 /(日)尚喵著;郑世凤译. -- 青岛:青岛出版社,2025. -- ISBN 978-7-5736-3470-2

Ⅰ. B821-49

中国国家版本馆CIP数据核字第2025CX5204号

JINTIAN MEI CHUMEN,DANSHI KAIXIN DE YITIAN

书　　名	今天没出门,但是开心的一天
著　　者	[日]尚　喵
译　　者	郑世凤
出版发行	青岛出版社
社　　址	青岛市崂山区海尔路182号(266061)
本社网址	http://www.qdpub.com
邮购电话	0532-68068091
责任编辑	初小燕
封面设计	今亮后声·小九
内文设计	有熊 Imajhe
印　　刷	青岛名扬数码印刷有限责任公司
出版日期	2025年8月第1版　　2025年8月第1次印刷
开　　本	32开(889mm×1194mm)
印　　张	4.5
字　　数	88千
书　　号	ISBN 978-7-5736-3470-2
定　　价	45.00元

编校印装质量、盗版监督服务电话：4006532017　0532-68068050
本书建议陈列类别：日本·励志·畅销

出场人物

低空飞行兔
有交流障碍的高敏感尚喵的分身

精神强者喵
低空飞行兔的朋友，经常倾听她的烦恼，阳光开朗

汪汪老师
益田裕介先生，精神科医生

前言

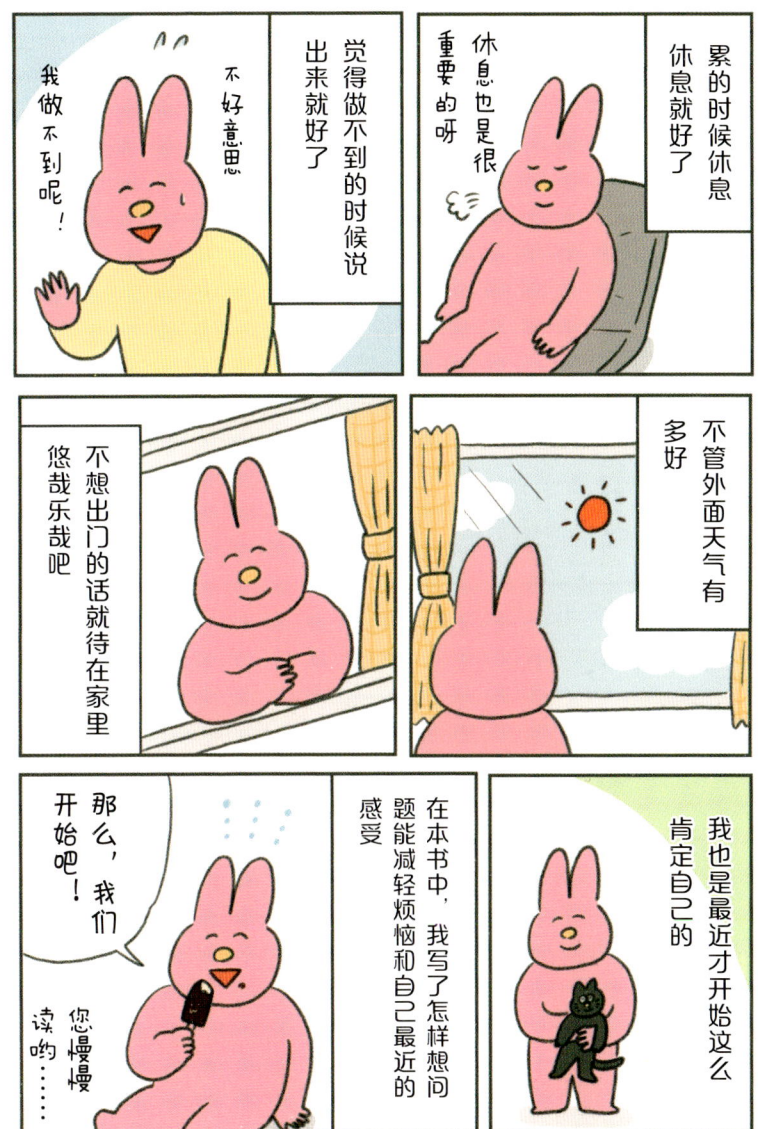

目录

2　前言

第一章　也许不必那么在意他人的看法

10　不必过度担心给别人添麻烦
12　不必勉强自己坚持下去
14　当我思考"失败"为何物的时候
16　自己创造自己的"场"
18　越是在失败时,越要保持一贯的姿态
20　自然而然地找到梦想
22　明白自己不适合就是一大收获
24　有一种处世之道叫作不过度道歉
28　如空气般存在就行
30　不擅长的事还是不要勉强做的好
32　抑郁教给我的道理
34　能明天做的事情明天做就好
36　`漫画` 又不是人格被否定
38　`专栏` 仔细斟酌每句话的重要性

    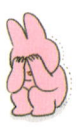 

第二章　不擅长人际交往也无妨

- 40　选择刻意不听取他人意见也很重要
- 44　为了身边重要的人，我要提高自我肯定感
- 48　您的无心之言可能会成为别人的救赎
- 50　为什么我们害怕"被讨厌"？
- 54　过度谦虚也要注意
- 56　不要过度客气，坦率地表达自己的心情就好
- 60　"不知道"也是一种努力
- 62　让自己受伤的话不必当真
- 66　把他人当作虚构的存在
- 68　与因习惯性与他人比较而陷入消沉的自己和解
- 72　我们可以重生无数次
- 74　对别人活跃感到不快的心情
- 76　在画面边缘的你依然闪耀
- 78　在想与人交往和不想与人交往的心情之间徘徊
- 80　迈向"社恐人时代"
- 82　漫画　想不惧伤害，试着行动起来
- 84　专栏　交往不顺利的原因，终究还是很难搞明白

第三章 父母是父母，自己是自己，这样或许也不错

86 即使跟父母的期望背道而驰，我也想活出自己的人生
90 超越"从未经历过"
94 不想对亲人的离世过度悲伤
98 尊重谎言之下的温柔
100 希望能坦然拥抱时代变化
102 `漫画` 想让自己周围的人幸福
104 `专栏` 对父母的意见保持适当参考的温度感刚刚好

第四章 也许应该坦诚面对自己的情感

106 容易消沉的人反而不适合对自己抱有期待
108 被消极语言拯救的回忆
110 伤痕将我们连在一起
112 胆小反而能保命
116 处于想要接纳衰老与心有不甘的夹缝中
118 当我思考究竟何为成长时
122 即使不出家门，也想感受幸福
126 存在本身就很美好
128 共鸣是最好的良药
130 `漫画` 想把心填满珍宝
132 后记
134 `解说` HSP的背后也许潜藏着多种病症

第一章 也许不必那么在意他人的看法

不必过度担心给别人添麻烦

每年四月前后,我都会收到新踏入社会的毕业生们发来的咨询邮件。其中,"我搞砸了工作,给上司添了麻烦,担心得不敢去公司了",这类内容特别多。虽然犯错的内容因人而异,但是给我的感觉是,担心给别人添麻烦,对此深感恐惧的人好多啊。因为我曾经也是那样的情况,所以感同身受。

但是,随着年龄的增长,跟年轻人一起工作的机会多了,我才意识到自己觉得"给别人添麻烦"的事情,对于对方而言,并没有那么"麻烦"。事实上,大多数错误可能都是对方曾经犯过的,只不过他们不说而已。实际上,很多上司甚至犯过更大的错误呢。

刚开始工作理所当然谁都会犯错,与其消沉低落,不如坦诚地汇报给上司,也许会被认为是个诚实的好员工而获得好评。

我们从孩提时代就被教育"不要给别人添麻烦"。但是,要求过于严格是否合适呢?人活着本就会或多或少地互相添麻烦,我觉得为此发火的人反而有些心胸狭窄。比起提心吊胆地过日子,倒不如大家互相宽容、互补不足。在这样的社会,大家应该生活得更轻松吧……

> 上司每天也挺无聊,偶尔"惹是生非"的员工反而会让他们觉得可爱呢,真是个傻孩子啊……

不必勉强自己坚持下去

日本有句俗话："即使在冰冷的石头上坐三年，也会因为坚持而感受到温暖。"随着年龄的增长，我越来越不喜欢这句话了。一旦开始做某事，不管多么艰难，都要隐忍地坚持下去，我觉得这个观念在日本人心中已经根深蒂固。但是，难道不是感觉自己"不适合"就马上离开更好吗？

我在入职第一年时因抑郁症停职休息过。那时候的我虽然在内心深处觉得自己已经到达了极限，但又觉得即便环境再难熬，也要忍耐下去。然而，即使勉强复职，不适合自己的环境还是不适合，受不了的人际关系还是受不了，结果我患上了更严重的抑郁症，不得不辞掉那份工作。现在想来，如果早一点儿当机立断，认定那是一份不适合自己的工作，是不是就不必两度停职了呢？

"真的不适合""真想辞职不干了"，如果一直掩盖自己内心的声音，总有一天心理的忍耐度会达到极限。每次看到有人因为过度劳累而结束生命的新闻，我都会感到特别揪心。

工作单位并非只有一个。能够长期坚持下去当然很棒，但是在感觉不适合自己的时候，拥有立即切换下一家的决断力和轻快离开的步伐，我认为是非常重要的。

> 在这个换工作很频繁的时代，即使现在不辞职，或许明年也会辞职。

当我思考"失败"为何物的时候

以前，我在做插图工作的时候，曾经因为自己没有仔细阅读说明，导致标注错误，让客户重做了好几次。虽然没有耽误交稿时间，但是由于自己的疏忽给别人添了很多麻烦，我心情特别低落："搞砸了……"

由于特别沮丧，我就跟一个朋友说了这件事，于是朋友给我讲了她过去的一段经历。在她曾因工作出现重大失误而心情低落时，她的同事对她说："那不能叫作失败，最终不是解决了吗？即使出现失误，只要通过道歉、修正等一系列努力最终挽回，从结果来看，那就不是失败，而是成功。"

原来如此。其实关键在于我们把视角放在哪里。如果盯着工作失误的那个瞬间不放的话，那就是"失败"；如果着眼于工作结束的那个瞬间的话，那就是"成功"。反正是同一个问题，就看你怎么想了。比起沮丧于"失败"，我更想感受到虽然经历了各种波折，但最终还是成功了的喜悦。

当然，对失误的反省是必要的。但是，如果只是稍稍调整一下视角，最终结果就会有"幸运"和"不幸"的反转的话，我想我会有意识地选择那个对自己有利的视角。

自己创造自己的"场"

我从大学一毕业就进入的公司辞职后,一直从事绘本创作工作。

说句实在话,绘本不好卖,市场又小,经常是吃了上顿没下顿。但是,自己是抱着眼前只剩下这条路的想法辞掉了之前的工作,完全不知道除了这份工作自己还能干什么。"今天也没有工作联系啊……"感觉自己每天都抱着把时间扔进泥沟的心情度过。

但是,自从以"尚喵"的身份在社交平台推特(现X)上发表文章以后,我就陆续接到插图的活儿了。以前,我一直认为自己只能画绘本。但是,实际适合干什么不试一下是不知道的。现在想来,要是早点儿尝试就好了。

特别是当我们现状不佳、走投无路的时候,我觉得不要死认一条路,可以尝试做一些新事情。别忘了还有社交平台这个地方,它可以让我们成为跟现实中的自己不一样的另一个"自己"。而且,可以塑造多个平行版本的自己。还有,有多少个账号,就可以创造多少个自己的主场和机会。我再次感觉到这真是太了不起了。

人只要活着,就可以重新来过。并非只有现实世界这一个选项。我们的"场"可以有很多。我不想因只依赖一个场所而痛苦,我想更加随心所欲地拥有各种各样的"自我"。

拥有多个自我,心理会更健康。

第一章　也许不必那么在意他人的看法

既有作为尚喵的自己

心理账号

也有作为绘本作家的自己

其他名义的账号

既有作为养猫主人的自己

观猫账号

也有宅家迷恋韩国流行音乐的自己

推举偶像的账号

有各种各样的『自己』

所以有多个『场』更好

都是"自己"

越是在失败时，越要保持一贯的姿态

以前，我上班的公司里有一位前辈出现了一个很重大的失误。他把公司的重要信息错误地传真给了客户，激怒了客户，这事想想都觉得可怕。

公司内部召开了紧急董事会议，那位前辈似乎受到了非常严厉的批评。我很担心平时性格开朗、工作热情的前辈，会因为这件事责任重大，从明天开始就不来上班了。

谁知第二天，前辈照常来上班了，还是跟往常一样淡然地工作。部长的脸色明显很不好看。我又替前辈担心了：是不是应该表现出诚惶诚恐的反省表情呢？

然而，形势很快就发生了变化。随着时间的流逝，前辈在公司的评价反而变高了，获得了"犯了那么大的错误，还能淡定自如，真是个了不起的家伙"这样的好评。有人甚至称赞他说："想学习人家强大的精神内核。""居然还有这样的事。"我不由得胸口一阵发热。

刚开始出现失误的时候，肯定会被别人说来道去吧。但是，如果保持一贯姿态应对的话，评价反而会发生改变。也许多少会花费一些时间，不过，如果一直静静地等待的话，时间就会站在我们这边。

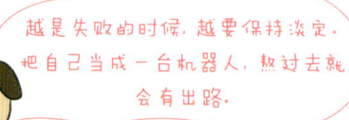

越是失败的时候，越要保持淡定。把自己当成一台机器人，熬过去就会有出路。

 # 自然而然地找到梦想

冒昧地问一下大家：你们有梦想吗？

经常有人问我这个问题。说实话，我是没有梦想的。每天都开心生活，家人健康相伴，还能吃上美味的面包什么的，感觉那就很幸福了。所以，如果一定要说梦想的话，能永远持续这样的生活便是我的梦想。但是，真要把这个想法当作梦想来谈论，感觉还是有些不太一样。

拥有梦想当然很棒，在日本，好像梦想越大越会受到赞扬。但是反过来看，我觉得自己这种没有梦想的人很没用，所以，有一段时间我很焦虑，觉得必须有梦想。

说起来，为什么拥有梦想会被视为很棒呢？我觉得那是因为通过具体描述自己的梦想，能让人生过得更有意义。但是，当前日本社会要求所有人都必须有梦想的风潮该怎么看待呢？这种风潮在不知不觉中，会让没有梦想，或者尚未找到梦想的人焦虑不安。

有些人即使没有梦想，也能从健健康康地过好每一天中感受到幸福。而且，我认为，这样的日子日复一日地积累，就是所谓的"活着"。如果人一定要有梦想，我想在这样的土壤之上，自然而然地找到它。

目标不用太大，恰到好处就行。
比如：这个月去吃烤肉，五年
之内出国旅行，诸如此类。

明白自己不适合就是一大收获

以前,我在一个绘本作家朋友在油管(YouTube)开的专门介绍绘本的账号上出过镜。当时正逢油管在日本大流行,我想试试,就答应了邀请。

但是,结果完全不行。虽然事先考虑好了要讲的内容并进行了练习,勉强完成了拍摄,可在看到朋友发过来的让我检查确认的视频时,当真感觉很不好意思。

一想到视频中的自己自以为是地谈论绘本,就觉得瘆得慌。明明知道这是工作不能不看,不好好确认一下不行,可还是按不下那个播放键。对方之前多次催促:"必须要上传了,请确认一下。"但我都没有回复,最终一秒钟的视频都没看,就发了OK(好)的回复。因为回复太晚,给对方添了麻烦。其实,至今我都没看一眼。我真的很失落,觉得自己不适合做这种事情。

不过,我觉得清楚地认识到自己不适合也非常可贵。因为这样可以清清楚楚地给自己画上一条线,今后不能涉足这个领域。而且,这也关系到对自己的保护。

虽然我们会为不成功的经历而沮丧,但是如果能清楚地明白自己不适合什么,这也是一大收获。我想这样来解读这件事情。

人类是分工合作的,我们不适合的工作会有别人来做,我们做好适合自己的工作就行。

第一章 也许不必那么在意他人的看法

有一种处世之道叫作不过度道歉

自己犯错误的时候，非常担心对方会怎么想。人家有没有生气呢？有没有因为自己的错误给人家添麻烦呢？想得越多，越往不好的地方想象。"对不起，对不起，真的是非常抱歉……"没等问问人家是怎么想的，自己就先过度道歉了。

但是，也许不过度道歉比较好。我的经历告诉我，有些事情不过度道歉反而会进展得更顺利。

不是"对不起"，而是"谢谢"

那是几年前的一个夏天，我跟一个熟悉的作者碰头，商量绘本的事。那是八月的一天，只在户外待一会儿就会汗流浃背、头昏脑涨。碰头会是那位作者提议的，当天的安排也由他全权负责。

那位作者是一位四十岁左右的男性，我们已经见过多次面。他总是非常开朗地大笑，在我的印象中是个积极向上的人。所以，当天我也没有什么特别担心的，朝着约定的车站就出发了。

谁曾想，在车站一见面，那位作家开口第一句话说的是："那我现在就去预约出租会议室吧。"

啊！这让我大吃一惊：居然还没有预约。当天现约，而且还是事到临头才约，能找到合适的地方吗？我心里十分不安。果不其然，没有找到空闲的会议室。

  最终,因为附近的会议室都满了,我们不得不去了网上查到的距离我们两站远的一间出租会议室。老实说,天气很热,我觉得很麻烦,但是事到如今也不好意思拒绝,只好坐电车过去。总算到了会议室门口,刚想这下可以好好凉快凉快了,谁知对方又说:"啊?没有会议室的钥匙……"好像是忘了问人家钥匙放在哪里。"这也太没计划性了吧……"想到这里,再加上天气炎热,我内心开始焦躁起来。这要是两个人换个立场,自己办出这种事来,我也许会道歉上一百次二百次都觉得不为过,甚至会惭愧得哭起来。但是,那位作家一边说着"抱歉",一边眯着眼笑了。真假……我直接懵了。

  好不容易找到钥匙,开完碰头会之后,对方做了个十分积极正面的总结:"今天圆满完成了碰头会,太好啦。谢谢您!"这让我觉得这人有点儿不可思议。

  在回家的路上,我的脑海里浮现出笑着朝我摆手的那位作家的身影,忽然觉得,也许这也可以作为一种处世之道。犯了错误当然要道歉,但是我觉得过度道歉可能会适得其反。语言是一种很不可思议的东西,听到"好热"这样的话时,即使之前没有觉得热的人也会慢慢感觉热起来。道歉也一样,过度道歉的话,原本被认为没什么大不了的事情,也许会被重新考虑:原来是这么

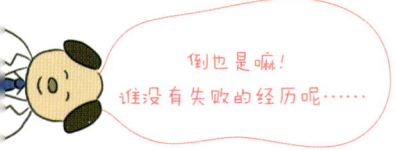

严重的事情吗?就像自己以"道歉"之名把眼镜递给对方,之前看不见的污渍反而十分清晰地显现出来。

当然,我一再强调,犯了错误就应该道歉。但是,与其对出现的失误责任感过强,不停地说着"对不起,对不起"道歉,不如说"感谢您的配合,谢谢啦!"。换成这种积极正向的语言,清爽带过反而不会给对方留下心理负担,也会让对方更加轻松。这也可以成为一种道歉技巧吧。

尤其是对于我这种高敏感气质的人来说,因为太过在意他人的感受,很容易过度道歉。不过,最近我开始意识到,不过度道歉,有时候对于推动事情的顺利进行很重要。

第一章 也许不必那么在意他人的看法

如空气般存在就行

我在公司上班的时候，不太擅长处理人际关系，也就是有所谓的交流障碍，所以，非常头疼公司里的闲聊。

当其他人聊得热火朝天的时候，倘若只有自己一个人格格不入，就会感到焦虑和不安。于是，我勉强自己加入闲聊，却出现了冷场。类似的情况发生过多次。后来，这样的小事成为我每天的巨大压力。

但是，现在想来，为什么要为工作以外的事情感到那么大的压力呢？职场原本就是我们用来赚钱糊口的地方，并没有必须和他人搞好关系的义务。当然，正如"闲聊也是工作的一部分"这句话所说的那样，也许可以通过无关紧要的闲聊加深了解。但是，我觉得像自己这样有交流障碍的人，没有必要勉强自己跟别人聊天。

重要的是把每天的工作做好。我们并不是为了交朋友来到公司的，没必要为了没能加入闲聊而感到不好意思。相反，在别人热火朝天地闲聊的时候，自己默默地把工作做好，利利索索地完工回家更有意义。

在职场把自己当作空气就行，孤高的人很帅。

工作就是工作，而且后期很有可能会换，没必要在人际关系方面勉强自己。

第一章 也许不必那么在意他人的看法

不擅长的事还是不要勉强做的好

以前，我曾被邀请参加一个给孩子们朗读自己创作的绘本的活动。当时，我觉得在天真无邪的孩子们面前朗读自己的绘本特别不好意思。虽然没有拒绝，但是直到活动近在眼前，我还在犹豫不决地烦恼着：自己能行吗？

于是，工作人员对我说："孩子们是能看出大人是不是真正乐在其中的。孩子们如果看到大人不安，也会感到不安。"

我觉得确实是这样。自己不擅长或者不情愿做事的情绪，很多时候是会传递给对方的，更何况对方是孩子。为了孩子们，自己还是不要做的好。我清晰地意识到这一点，于是决定把读绘本这项工作委托给专业人士。

从那以后，对于自己不擅长的事情，我尽量不去做。这种"果断放弃"的态度对我来说很重要。当然，只要在社会上工作，在很多时候，"因为不擅长所以就不做"是行不通的。但是，当我们认为自己实在办不好的时候，跟周围的人商量一下也并非坏事。谁都有擅长和不擅长的事情，互相弥补就可以了。从结果来看，在很多情况下，这样做反而更有利于整体工作的顺利运转。

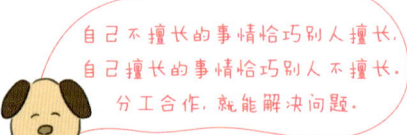

自己不擅长的事情恰巧别人擅长，
自己擅长的事情恰巧别人不擅长。
分工合作，就能解决问题。

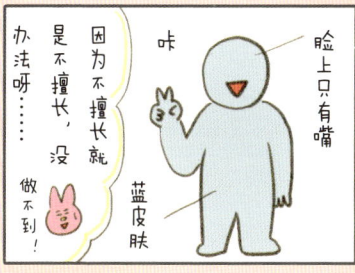

抑郁教给我的道理

我是个自尊心很强的人，总想被别人夸奖。

从孩提时代开始，我就渴望得到父母和老师的表扬，毛遂自荐当了班委。后来毕业于社会公认的好大学，进入社会公认的好公司工作。进入公司以后，我总想着自己怎样的言行举止能让周围的人高兴，将自己打造成一个活泼外向的人设。但是，这让我的压力越来越大，成为患上抑郁症的一个导火索。连我都觉得自己很没出息。

不过，我终于发现，自己只是个自尊心很强的人，做不到的事情比能做到的还要多。另外，过高的自尊心让自己增加了很多痛苦。

从那以后，我不再在意别人的评价，而是尽量倾听自己的心声。而且，我决定放弃那个顽固地只在意别人评价的自己。这么一来，就有了一种从自己身上解放出来的感觉。

当然，谁都不想得抑郁症，最好永远别得。不要在意别人的眼光和评价，而是要诚实地倾听自己的心声，明白自己究竟想怎么做，这一点至关重要。现在想来，我觉得是抑郁告诉了我这个道理。

能明天做的事情明天做就好

　　我有时会头疼得睁不开眼，如果可能的话，真想一直休息到疼痛消失为止。可是，工作又不能扔下不管。尤其是自己是个自由职业者，工作速度非常重要。有一段时间，我最大限度地吃着止痛药，努力早点儿完成工作。但是，最近我停止了这种焦虑的做法。

　　这是因为，我觉得工作只要在规定期限内完成就可以了，再去追求什么"速度更快""数量更多"之类的，就没完没了了。当然，能快点儿结束最好。做得越多，工作能力越强。实际上，所谓"很能干"的人指的就是这样的人吧。但是，在规定期限内毫无差错地完成工作，把普通工作做得很好的人，也可以称其"很能干"。

　　在这个重视速度的社会，"工作能力强"的标准似乎也在提高。如果过于迎合这样的标准，就会勉强自己。而且，过于追求速度，也会出现失误。

　　在状态不好的时候，能明天做的事情明天做就好，不要过度勉强自己，不要着急，只要能在规定期限内完成，结果就是好的。我开始这么想了。

> 很多人不擅长任务管理和健康管理，好好地利用起我们的笔记本和日记吧！

漫画　　又不是人格被否定

第一章 也许不必那么在意他人的看法

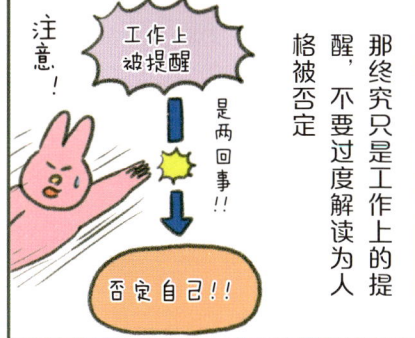

> 专栏

仔细斟酌每句话的重要性

初次见面。我是早稻田心理诊所的院长益田裕介。平日里,我作为一名城镇营业医生,从早到晚忙于门诊工作,空闲时间也会拍摄油管视频,或在线上组织患者交流会、家庭互助会。

阅读尚喵写的随笔,我再次感受到仔细斟酌每句话的重要性。

以前,我曾负责临终医疗工作。当时,因疲于应对谈论死亡的患者和家属,我向一位医生前辈求助,结果对方说:"那是因为你从未深入思考过死亡。只要明白自己终有一死,就无须对临终之人过度小心翼翼。"起初,我觉得这话说得太离谱,但是它自然而然地刻在了我的心里。从此以后,我的临床工作竟轻松了许多。

听说这种对语言进行彻底思考的方式,在俳句和落语的世界中也存在。就像这样,如果在阅读尚喵的随笔时,能与作者一同深思每一个主题,并找到属于自己的答案,生活就会轻松很多。

那么,各位读者,我们一起继续往下读吧。

第二章 不擅长人际交往也无妨

选择刻意不听取他人意见也很重要

我从小就是一个很听大人话的孩子。

父母和老师一直教育我要认真倾听他人的意见，就连在电视新闻和综艺节目里，也经常见到有艺人因为犯错而懊悔："要是当初乖乖听周围人的劝就好了……"于是，我将这些案例当作反面教材，觉得果然还是要虚心听取他人的意见，否则很容易失败。

事实上，那些认真倾听周围人意见的人，往往会被视为懂事听话的好孩子，更容易获得喜爱。尤其是那些年长者的建议，毕竟都带着岁月沉淀的智慧，还是虚心接受比较好。

但是，最近我开始觉得，现实中因过度在意他人看法而导致失败的案例很多：原本能顺利推进的事情，却因为旁人的声音而乱了阵脚；本可成功的尝试，却因盲从建议而功亏一篑。

我在推特（现X）上创建名为"尚喵"的账号时，没有告诉任何人。之所以这么做，是因为当时身边的大多数人不看好社交平台，认为爱在意小事、容易烦恼的性格是消极的、不好的。

而且，我是从事绘本创作工作的，总担心一个为孩子画绘本的成年人，如果总在网上发一些灰暗的内容，可能会对孩子造成不良影响，甚至导致绘本越来越难卖出去。这种恐惧让我更加不敢公开自己的账号。

但是，因为当时正处于新冠肺炎疫情暴发时期，日本政府发

布了紧急事态宣言。在不知道今后会怎样的不安中，我实在无法抑制想倾诉抑郁情绪和心理困扰的冲动。所以，最初就以无人知晓的小号开始了在社交平台的创作。没想到通过这种方式，结识了许多与我气质相似、有着相同烦恼的人。

此外，在那之前，我很难接到插画委托，在那之后，也开始零零星星地接到插画工作。我觉得当初没有告诉任何人，暗自开通社交账号真是明智之举。

比起周围的声音，更要相信自己的直觉

如果我一开始跟周围的人商量的话，他们会说绝对不要用，那我也就不会开通社交账号了。以我缺乏自信，又容易受他人左右的性格来看，我想我一定会做出这样的选择。

我以前创作绘本故事的时候，曾因过于在意周围人的意见而让故事无法收尾，作品也因此未能完成。每个建议都值得感谢，但是若全盘接受，故事的主线便会偏离自己的初衷。我觉得这正是因为自己缺乏自信，过于听取周围人的意见，最终导致了失败。

实际上，越是共情能力强的高敏感人群，越容易过度倾听周围人的意见。明明自己心里想的是A，却因为周围的人说是B，就自我妥协跟着选了B。掩盖自己本来的姿态和心情，修饰出一个新

的自己。然而,在不知不觉中,就不知道自己真正的心情了……

但是,我听说高敏感的人直觉特别敏锐。很多人都具有丰富的想象力,特别擅长想出一些独到的创意。正因如此,有时候我们不要刻意去听取周围人的意见。即便听了他们的意见,也不要当真接受,我觉得还是优先自己最初的直觉和自己的真实感受比较好。这样更有利于发挥自己的长处,取得真正属于自己的成果。

为了身边重要的人,我要提高自我肯定感

老实说,我并不是那种自我肯定感很高的人。

岂止是不高,实际上我的自我肯定感低得可怜。总是对自己没有信心,也正因为缺乏自信,特别在意周围人的评价。

就算好不容易完成一件事,转眼间脑子里就会冒出"我这种人肯定不行""和某某比起来差远了"之类的否定声。越讨厌这样的自己,就越消沉。像那些所谓自我肯定感高的人那样,接纳并认可真实的自己,我从小就做不到。

总是觉得自己不够好,忍不住责怪自己。一种就像自己是个"人类残次品"的不安,从孩提时代就如影随形。

而且,这种自我肯定感低带来的不安,在与他人相处时也会作祟。即使跟别人聊天时,也会陷入不安:"跟我说话有意思吗?""会不会感到无聊啊?"因此不断窥视对方的脸色。有时候,自己甚至还会陷入"也许正在浪费人家宝贵的时间"的愧疚中。直到现在,我依然经常陷入自我厌恶,但更让我难受的是,因为自己自我肯定感太低,连带着让对方也感到不自在。

那是以前我跟一位工作上认识的编辑约好吃饭时发生的事。那天傍晚,天突然下起雨来,远处的天空电闪雷鸣。看着不稳定的天气,我那惯有的低自我肯定感又开始作祟,觉得让人家在这种天气特意来见自己实在过意不去,于是便一边紧盯着实时更新

的降雨云图，一边被焦虑驱使着不断发送信息："今天真的没问题吗？""您千万不要勉强啊！""啊，其实改天也完全可以的！"等到顺利见到那位编辑时，对方一脸难过地说："您那样反复说，反而让我以为您不想见我呢……"我心下一惊，如梦初醒。确实，我没有想过自己所做的事情会让对方怎么想，只是一味地将自己的不安传递给对方。说到底，是自己没有完全信任对方。

也许自己一直考虑的并不是对方的心情

我曾有过这样一段经历。在学生时代，有一位很受欢迎的美女同学主动跟我亲近。一开始我开心得都快跳起来。可是，在得知那个女孩还有很多朋友后，我就气馁了，觉得自己实在配不上人家，于是便主动跟对方保持距离。因为缺乏自信，我变得卑躬屈膝。

当时我认为那样做就可以，但是对方是什么情况呢？说不定自己在无意中伤害了她。看似在意对方，实则最在意的还是自己。我现在才惊觉，这是一种非常任性且自私的行为，实在是太对不起人家了。

也许这样的比喻有点儿奇怪，但是提高自我肯定感或许跟保持健康状态相似。自己的健康状况不好，虽然感觉痛苦的是自己，

我们的生命与健康不只属于我们,而是与大家共享的珍宝啊……

但如果因此让身边重要的人担心,让他们难过,那可就太对不起他们了。保持健康既是对自己负责,也是对身边重要的人负责。

从这个意义上讲,我们既要努力保持健康,也要努力提高自我肯定感。

话虽如此,提高自我肯定感却很难,要改变自己常年养成的消极思维习惯并不容易。但是,最近我开始觉得,为了身边那些对自己来说很重要的人,要尽力去改变,哪怕能改变一点点也好。

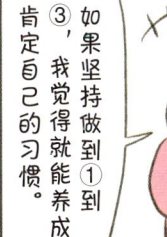

您的无心之言可能会成为别人的救赎

我想大家应该都有被别人的一句无心之言拯救的经历吧。

我大学毕业后进入出版社工作,却患上了抑郁症和适应障碍,最终不得不辞职。辞职当天,没有人跟我说话。我低着头,一个人安静地把办公桌上的东西塞进纸箱。毫不夸张地说,我当时心里满是想死的念头。那天,我连最基本的"承蒙关照"都没有说出口,就像消失似的离开了公司。虽然心里明白自己这样做,作为一名社会人是非常失礼的,但在当时,我已经竭尽全力了。曾经自己也是努力工作的。回想起往事,眼泪就止不住地往上涌,不知道自己到底努力了些什么。我强忍着泪水,无精打采地回了家。

回到家的时候,我看了一下手机,发现手机上收到一封邮件。是同期进公司的男生发来的。邮件只有简短的一句话:"辛苦了!"看到那句话的瞬间,我强忍着的眼泪立即决堤。我很开心。一想到还有人这样记得自己,就觉得自己的付出得到了回报,仿佛整个人都被肯定了。

我们不经意的一句话,有时会成为某个人的救赎和心灵支撑。我也想成为会说这种话的人。

> 其实我们平时待人亲切、处事周到真的很重要。那份心意总会传递到某个人的心里。

为什么我们害怕"被讨厌"?

如果可以的话,谁都希望不被人讨厌地活着。

但是,现实往往并不如人所愿。不久前,我在社交网络上被人讨厌,有过不愉快的经历。

那天,我因为自身具有高敏感人群的特质,在推特(现X)上发布了自己之前没能做到的一些事。那条推文虽然获得了很多人的共鸣,但是持否定意见的人也不少。"什么样的人都有啊!"我一边这样感叹着,一边顺着时间轴往下看。突然,我看到一条让自己惊讶的通知。这条通知来自平日互动友好的互相关注的一位推友的账号。对方似乎对我的推文进行了带有否定意见的转发。"不会吧?"我战战兢兢地点开评论区,发现里面竟然充斥着对我的恶语。

更可怕的是,那个推友居然在别人骂我的留言下,附和着"这种人还是别玩推特了!""毫无价值,根本不值得看!"之类的言论。我深受打击。原来,在自己毫无察觉的地方,他们竟如此热烈地说着我的坏话,而且讲得这么起劲,我感觉社交网络真的很可怕。

当时,我的情绪非常低落,便对怎么做才能让自己即使被讨厌也不消沉这个问题,进行了彻底的思考。

（1）记住"二六二法则"

日本的人际关系中存在所谓的"二六二法则"。它指的是人际关系的概率问题：假如有十个人，其中，不管发生什么事情都会讨厌你的人有两个，相反，也会有两个人喜欢你。而另外六个人则既不讨厌你也不喜欢你。也就是说，只要身处群体中，你就会被两个人讨厌。这么一想的话，就会明白被讨厌也是没有办法的事情，要好好珍惜喜欢自己的那两个人。

（2）尝试具体思考被讨厌会带来什么困扰

一想到被人讨厌，就会产生莫名的恐惧与不安。但是，只要具体思考"在现实世界中，被那个人讨厌到底会造成什么实际困扰"，就能释然。我只是在社交平台上与别人观点不一致而已，这并不会影响我的现实生活。更何况那些在社交平台结识的人，我并不知道他们在现实中是哪里的哪一位，即使被他们指指点点，也没什么大不了的。

（3）是否真的"被讨厌"需要验证

一听到别人否定性的评价，我们就容易陷入低落的情绪中：

认真的人→不讨厌自己→交往
不太正经的人→讨厌自己→不交往
这么想,是太会算计吗?

"被讨厌了……"但是,我们真的被对方讨厌了吗?

有位朋友曾说:"'讨厌'这种感情也存在深浅之分。"我觉得这句话很有道理。虽说是"被讨厌了",但是将其抽丝剥茧后会发现,也许对方只是嫉妒你跟自己喜欢的人关系密切,或是单纯厌恶你喜欢的某个东西而已。与其说"讨厌"的是你这个本体,倒不如说是附着于你的"背景要素"。也就是说,"讨厌"这种感情的范围很广,未必就是你这个人被讨厌。这么一想,就能切身感受到感情这东西的暧昧与模糊。

像这样深入思考"被讨厌"到底是怎么一回事,就会觉得它没有那么可怕了。当你因为被别人讨厌而情绪低落时,不妨先停下脚步,用自己的方式冷静思考一下被讨厌这件事。

过度谦虚也要注意

正如"稻穗越成熟，头垂得越低"这句话所说的那样，自古以来，人们一直认为即使取得成功，也绝不骄傲自满，保持谦虚的人是很优秀的。我自己也一直秉承着尽量不张扬，即使受到别人夸奖也要保持谦逊的态度生活。

但是，我有个毛病，一旦被人夸奖，就会过度谦虚。而且，我还曾因此被人提醒过一次。

以前，一位认识的作家朋友向他人推荐了我的绘本。受到夸奖当然十分开心，但此时大脑中"必须谦虚"的指令更加强烈，我条件反射般地回应道："哪里哪里，一点儿都卖不动呢！"后来，那位作家朋友为难地跟我说："在那种场合下，你那样说，我都不知道该怎么接话了……"他的话让我反省了自己。自己的言行已经超越了谦虚的界限，否定了对方替自己着想的好意和体贴。其实，如果当时能够爽快地回应一句"谢谢！"，对方会感到更舒服吧。

因为缺乏自信，我内心其实渴望被表扬，但是一旦受到表扬，反而会比一般人更加否定自己。连我自己都觉得这种性格很麻烦。但是，为了那些夸奖我的人，我希望自己能够学会坦率地表达感谢。

确实，自信的人更容易收获成功与机遇！

不要过度客气，坦率地表达自己的心情就好

我一直对美容院这种地方不太适应，成年后几乎没有持续去过同一家店。

这是因为第一次与美发师交谈时，我不想被人家认为是性格阴沉的人，便故作开朗地说话，结果回到家后疲惫不堪。而且，我有一种压力，认为下次必须表现得同样开朗，这种压力让我无法再去同一家店，只能不停地换美容院。但是，这样的自己也遇到了一位让我"还想再去那家美容院"的美发师。

那是三年前的一天，我也是抱着绝不会去第二次的想法，去了一家新发现的美容院。一位年龄跟我相仿、笑起来特别可爱的女美发师帮我打理了头发。她说话有趣，性格沉稳，最重要的是技术高超，把我那一头又硬又不好归拢的头发打理得整齐有型。

回到家后，看着镜子里自己那光泽亮丽的头发，我由衷地想："还想再去找那位美发师理发。"我开始期待下一次的见面，思考着下次见面时该聊些什么。第二次、第三次……在不知不觉中，我成了那家美容院的常客。我曾想，今后要一直让那位美发师帮我打理头发。

可是，这段美容院之旅有一天突然画上了句号。那是今年年初的时候，为了把乱糟糟的头发打理得整洁漂亮，我急匆匆地跑进了那位美发师所在的美容院。我请求进行一种名为"缩毛矫正"

的直发处理。因为之前曾做过几次,做得也都让我非常满意,所以我怀着与往常无异的心情,期待着这次的效果。

谁知,这次却搞砸了。做完头发后,我看着镜子里自己的头发,吓了一大跳。或许是因为药水用多了,又或许是夹板的温度过高所致,做完的头发竟然硬生生地从发根处折成了直角,刘海儿被伤得很厉害,弯弯曲曲的就像卷曲的海带。

很显然是失败了,我却无法指出来

我内心清晰地意识到:这明显是给整坏了。花了一万五千日元,头发却变得比从前更差了。按理说我应该要求他们修正或者退款。美发师的表情也非常尴尬,好像在默默等待我的反应。但是,如果我告诉她实情,她会很失望吧。而且,难得相处得比较好,那么说可能会破坏我们之间的关系。于是,我故作夸张地表现出高兴的样子,说道:"好利索啊!感觉好像变年轻了。谢谢!"美发师听后,脸上闪过一丝悲伤和歉意。在结账的时候,她送给我一瓶平时不会赠送的家用营养护发素。那一刻,我感到无比羞愧。很显然,所有的事情都暴露无遗。而且,我拙劣的演技反而让她更费心。对不起……

回家的路上,我强忍着想大喊的冲动,拼命地蹬着自行车。

如果当场无法说出真实的想法,也可以在日后找个合适的时机表达。比如"其实,那时候没能说出口……""那个时候对不起啊!"之类的。

羞愧、抱歉和懊悔让我几乎要哭出来。并且,自那以后,我再也没有去过那家美容院。

现在想来,当时坦率地拜托她给修正就好了。那样的话,我也不会跟那位自己曾经那么喜欢的美发师断了联系。我总是优先揣测对方的心情,扭曲自己的真实想法,我很讨厌自己的这种性格。与其因为莫名其妙的顾虑结束人际关系,不如当场坦率地表达自己的感受。现在,我摸着受伤的头发,怀着后悔和反省的心情,写下了这些文字。

"不知道"也是一种努力

最近,我在网上看到一则消息,说使用社交媒体的年轻人患上心理疾病的最大原因,是看了朋友的帖子后,跟自己的生活一比,便感到很失落。说实话,我深有同感。

也许有人会说,累的话就不要用了。但是,在当今时代,使用社交媒体是理所当然的。越是对流行敏感的年轻人,越难以在周围人都在使用的时候,只有自己选择不用。我觉得是这样的。那么,应该怎么做呢?

我觉得要想在社交媒体上保护好自己的心灵,最重要的是要明确一个界限,分清什么是想看的,什么是不想看的。而且,为了达到这个目的,平时就要研究明白,自己接触什么样的信息会受伤,这一点非常重要。

我的经验告诉我,如果看到自己的书被批评,就会情绪低落。所以,我几乎不进行自我搜索。按理说,作者应多搜搜有关自己的信息,积极宣传自己的书。但我深知,如果这样做,我的心灵会受到很大的伤害。知道什么东西会让自己受伤,是保护自己的一种方式。不想看的东西不看就好了,没必要知道的事情不知道也无妨。我认为在当今时代,这是非常重要的。

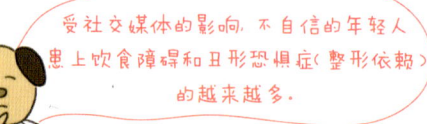

受社交媒体的影响,不自信的年轻人患上饮食障碍和丑形恐惧症(整形依赖)的越来越多。

让自己受伤的话不必当真

"让自己受伤的话不必当真",这是我在自己的社交账号上经常说的话。当别人说出伤害你的话时,我觉得不必把那些话当真。或者说,我希望你能不要当真。之所以这么说,是因为我曾经有过这样的经历。

那是几年前的事情了。我跟学生时代就认识的一个男性朋友一起吃饭,当时我已经年过三十,虽然做着绘本工作,但是工作不是很顺利,对自己也没有信心,于是跟那个朋友倾诉了自己的烦恼。结果,那个朋友说出了这样的话:"可你都已经过三十岁了。说句实在话,过了三十岁的女人是很麻烦的。"

他的话像是给了我当头一棒,让我深受打击。虽然向人倾诉烦恼还觉得对方失礼或许不太合适,但是我确实觉得自己找错了倾诉对象。难道自己真的成了如此困难的存在,必须放弃很多东西吗?我感到绝望,非常受伤。

自从听了他的话后,我就陷入深深的消沉。他为什么要说那样的话呢?难道我真的那么差劲吗?我反复咀嚼着他那句伤人的话,思绪不断朝着消极的方向发展。而且,我感觉年龄增长对于女性来说是一件不好的事情,在未来的生活中,年龄会不断增长,这是非常糟糕的事情。

最让我痛苦的是,我的内心对年轻女孩产生了一种羡慕嫉妒

之情,对自己已经失去了青春感到自卑。以前,不管是偶像还是模特,我在电视或网络上看到那些闪闪发光的可爱女孩时总是充满憧憬。但是,自从听了那个朋友的话后,每次看到年轻闪亮的女孩,我的内心都会涌出一种之前从未有过的阴暗情绪。仅仅因为那么一句话,我就变成了一个连自己都讨厌的人,甚至产生了想从这个世界上消失的念头。

随着时间的流逝,悲伤变成了愤怒

但是,随着时间的推移,我的心中不断有一种愤怒之情涌上来:为什么我要受这么大的伤,甚至连自己的性格都要改变呢?

说起来,"过了三十岁的女人是很麻烦的"这句话本身就有问题。暂且抛开我个人的感受不谈,想象一下,假如自己的家人和朋友这些自己身边重要的人被别人这样评价,我会感到非常生气,也很讨厌这样的话。如果自己珍视的人因此受伤、沮丧,我想对他们说:"才不是那么回事呢!"全力否定这种说法。同时,我会对说出这种话的人大为恼火。我意识到,这种态度同样适用于我自己。

于是,我开始思考,能够轻易说出这种话的人,本身就是个"讨厌的家伙"。回想一下,发现自己曾因那个朋友的话而多次受

世界上有各种各样的人,有的人容易受伤,有的人则不会。有恶意的人,也有欺骗的人。从古至今,这些人从未消失过。

到伤害。当时,我只是一味地把他的话当真,甚至责备自己,觉得自己太糟糕,才会被对方说如此过分的话。不过,现在回想起来,我意识到,能说出这种话的人本身就是个讨厌的家伙。"如果是自己,能对别人说出这样的话吗?"我觉得可以试着以这样的标准来考虑事情。如果是我的话,绝对不会对别人说出那样的话,也不想说那样的话。

能够满不在乎地说出伤害他人话的"讨厌的家伙"的言辞,根本没有必要放在心上,更没必要因此而改变自己的性格。这种话本来就没必要听,也不必当真。如果一定要当真,那就去相信那些善良的人说的话吧。这么一想,我的心情稍微轻松了一些。

第二章 不擅长人际交往也无妨

把他人当作虚构的存在

我总是看到他人细微的反应便诚惶诚恐。

只要对方脸色稍显阴沉,就担心是不是惹人家生气了;人家回信稍微晚了一会儿,就认定自己被讨厌了。以前,我曾被这种情绪折磨得疲惫不堪,便向大学哲学系毕业的朋友倾诉烦恼,于是他说了这样的话:"你总是纠结是不是被别人讨厌了、有没有惹别人生气,这毫无意义。说到底,那都是你的臆测,真相只有对方知道。不妨把他人当作虚构的存在来看待。"

确实如此。他人的情绪终究只有当事人自己清楚。用哲学思维来说,此刻在眼前交谈的对象或许只是个幻影,又或是自己正在经历梦境。对着幻影思来想去让自己烦恼,太浪费时间。而且,人际关系这东西,很多时候要实际聊聊才能明白。

看似不开心的人,其实只不过是睡眠不足;爱生气的人,其实只是因为更年期而烦恼。很多时候他们的情绪只是因为他们自己有烦恼事,完全不必把每个反应都与"自己"强行关联。

正因如此,当我们因为在意他人而心情低落的时候,不妨有意识地提醒自己:他人不过是虚构的存在。

他人终究只是他人……心理距离太近反而会出问题,还是保持适当的距离吧。

与因习惯性与他人比较而陷入消沉的自己和解

我有个糟糕的习惯：总爱与他人比较，然后陷入消沉。

原本就是嫉妒心很强的性格，却偏要在社交媒体上追看那些光鲜亮丽的人生，逮着机会就贬低自己："真好啊！""太厉害了！""相比之下自己好差劲啊！"虽然理智清楚这个爱比较的习惯不好，但是回过神来发现，自己正瞪着充血的双眼，在手机屏幕里疯狂搜寻比较对象。从某种意义上讲，这近乎一种精神自残。

但是，某位心理学家说过，人类原本就是通过与他人比较来确认自身存在的生物。所以，作为生物，比较似乎是无可奈何的事情。问题在于，当比较的毒刺扎进心里时，如何让自己不沉溺于痛苦？于是，作为常年苦于嫉妒心强的人，我想分享几种思维方法。

（1）当忍不住与他人比较时，试着跟过去的自己比一比

既然说人是容易跟他人比较的生物，那么不妨试着跟过去的自己比一比。虽然我们难以发现自己的优点，但是无论多小的事情都值得肯定。比如：与一个月前相比，更了解面包了；与去年相比，画画得越来越好了；等等。这样会意外发现不少进步的地方呢。与其因与别人比较而失落，不如为超越昨日的自己而欣喜，这样对心理健康更有益。

（2）认真思考是否真的想成为你憧憬的那个人

刷社交媒体时，总会有些人让你忍不住嫉妒。每次看到他们光鲜亮丽的生活，都会觉得好羡慕啊，同时觉得跟人家相比自己好失败啊。这种时候，不妨扪心自问：我真的想成为那样的人吗？

那些事业成功的人，也许背后透支了很多睡眠时间，明知健康受损却还在努力拼搏；那些人见人爱的社交达人，可能私下里疲于应付人际关系，参加不想参加的聚会，花很多无谓的交际费。如果设身处地想象对方真实的生活状态，往往会发现：原来维持这样的人设如此麻烦，还是做自己最轻松。

（3）试着将思绪投向宇宙和遥远的未来

当我们因为与他人比较而头脑混乱的时候，不妨让思维逃向抽象思考。地球上大约有八十亿人，日本人的平均寿命为八十多岁。而与此相比，宇宙已经默默存在了大约一百三十八亿年。也许这太过宏大，让人难以想象，不过，当我们为一些小事烦恼的时候，不妨试着把自己的目光转向更大的存在，也许就会自然而然地觉得自己的烦恼是多么微不足道。而且，不管是自己现在觉

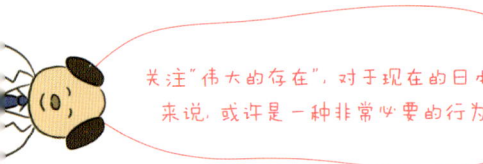

关注"伟大的存在",对于现在的日本人来说,或许是一种非常必要的行为。

得很厉害、特别羡慕的那个人,还是那个消沉失落的自己,在一百年后都会死掉。既然如此,现在还是津津有味地吃着眼前的冰激凌,感受幸福更有意义。

每当我因为与别人比较而感到沮丧的时候,就会在脑海中梳理这样的想法,让自己冷静下来。

但是,最近我想的是"也许比较这东西,本身也并没有那么糟糕"。正因为有了比较,才会产生差异,才会有个性。另外,如果觉得自己不如别人,人们就会想更加努力。在对别人的羡慕中,潜藏着自己真正的欲望。意识到这种欲望,也许就能接近自己真正想以什么样的姿态存在。

嫉妒,从某种意义上讲,可以说是映照自身最好的镜子。

我们在尽量避开比较带来的痛苦的同时,积极地看待比较本身,并将其转化为自我提升的动力,我觉得是大有裨益的。

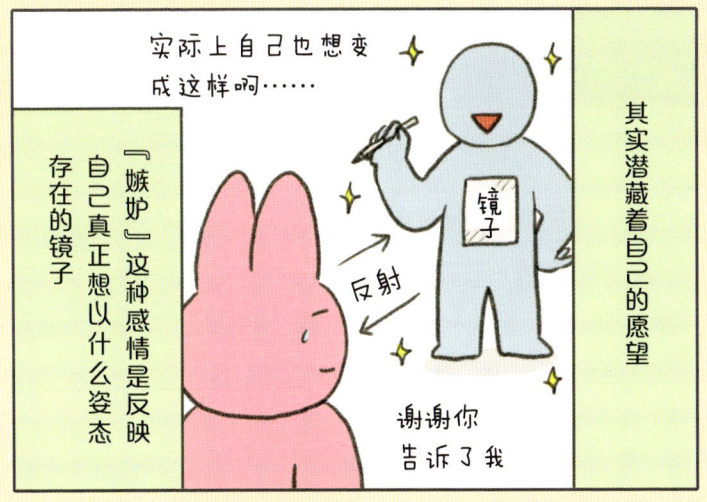

我们可以重生无数次

三年的时间里,我每天都在推特(现X)上发文,承蒙厚爱,得到了很多粉丝的关注。但同时,我也感到了不安。你认为我自我意识过剩也没关系,我始终认为自己之所以能被很多人关注,是因为有"抑郁症患者""无业游民""性格阴郁"这样的标签。我最近甚至开始担心,如果自己不是这样的人设,粉丝们是否会转身离去?

实际上,我也从粉丝那里收到过这样的留言:"请您以后也不要改变啊。"我在心底跟他们默默道歉:"抱歉,我无法成为您期待的样子。"这是最近发生的事情。

最初是为了自由表达自己的真实想法才开的社交账号,结果却被自己塑造出来的人设束缚,变得越来越不自由,拘束感越来越强。

但是,现在这个时代,有了社交平台,就可以同时拥有多个网络账号,自己可以多次重来。如果我在未来的某一天对"尚喵"这个人设感到疲倦,感觉超出极限的话,就会悄悄离场,在另一片土壤重塑自我。现实中的自己并非唯一的"我",我们拥有无数次重生的权利。我想成为那样的自己。

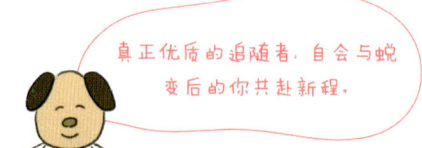

真正优质的追随者,自会与蜕变后的你共赴新程。

对别人活跃感到不快的心情

托大家的福,最近我接到的插画委托开始多了起来。这对曾经因工作机会少而陷入绝望的我来说,是一件非常值得感激的事情。但是,当我在社交平台上分享自己的工作成果时,收到了粉丝这样的信息:"看了尚喵的推文我就被鼓励了,我一直支持您哦。但是,看到工作汇报,我感到特别沮丧。"

呜,有点儿想哭。话虽如此,一个既非直接认识也不是朋友的人,为什么要对我说这种话呢?假如对方是因为我分享工作动态而情绪低落,那又有什么必要特意告诉我呢?难道自己工作有错吗?

有一种现象,就是越把"祝您大展宏图"挂在嘴边的人,越会在你表现出色时恼怒。本质上,这类人不过是想维持对你的俯视姿态。他们无法接受你的改变,将其视为背叛。但是,他们的这种心情我非常理解。说实话,我不喜欢看别人活跃的样子,尤其是自己不顺利的时候。那种酸涩感,我懂……

所以,我不会生气。不但不生气,还会道歉说"对不起"。同时,我觉得活在世界上真是太不容易了。

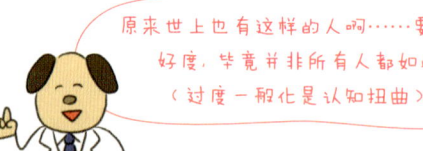

原来世上也有这样的人啊……要把握好度,毕竟并非所有人都如此(过度一般化是认知扭曲)。

 ## 在画面边缘的你依然闪耀

我最近迷上了偶像选秀节目。而且，特别喜欢在其中找到自己的"推"，并为他们出道加油。

但是有一天，我思考了一个问题："推"到底是什么呢？对于自己来说，在众多的练习生中，决定支持这个人的关键因素是什么？

能成为偶像的人，身上有着各种各样的魅力。颜值、歌唱、舞蹈、性格……每个人都有自己的特色。但是，对我而言，让我产生"推"的想法的人，往往是那些即使在画面边缘也全力以赴表演的人。那是在中心人物演唱时，背景里出现拼命舞动的手的时候；那是作为伴唱在后方放声歌唱，耳边传来他的声音的时候；那是在主角说话时，看到他虽然只露出半张脸，却依然保持灿烂笑容的时候。这些瞬间，不知为何，总会让我感动得眼泪都快流出来，我发自内心地想为他们助威。而且，我觉得这也适用于日常生活。

当不上主角也没关系，只露出半边脸也没什么。只要在属于自己的那个瞬间全力以赴，就一定会有人看到。而且，那个姿态也会让人感动吧。至少我在看到这样的人的时候，会强烈地想要全力"推"他。

世界上有各种各样的人，也能喜欢上各种各样的人吧。

在想与人交往和不想与人交往的心情之间徘徊

长大成人后,我真的很难再交到朋友。

我这个人本来朋友就不多,选择窝在家里做自由职业者之后,说实话,除了家人,每个月在外与他人交谈的次数,只有一两次。社交媒体强行将孤独感带给我。不管愿意与否,每天大家开心交流的样子不可避免地映入眼帘,这让我感到十分不安。

明明是自己选择了这样的工作方式,但又不由得觉得闷在狭小的家里一个劲儿地画画的自己是个有缺陷的人,像是放弃了成长一样。有时候感到非常寂寞,甚至会在深夜端坐在被子上发呆。

于是,我决定慢慢增加跟他人接触的机会。比如新书出版时,参加一些讲座活动。能跟粉丝们交流,我还是非常开心,也觉得能分享自己的故事真好。

但是,在人前说话,我还是需要借助酒精的力量,活动开始之前因为紧张还吃了镇定剂。回家后,会被一种强烈的后悔感困扰:"要是当时这样说就好了!"然而,看到那些能与他人轻松交往的人,我会感到羡慕和嫉妒,自己也想成为那样的人。我想看看那样的风景。

我的心情,在"放弃"和"不放弃"之间反复徘徊。今天,我又在深夜里,以"成年人""交朋友""方法"为关键词,在网络上搜索着相关信息。

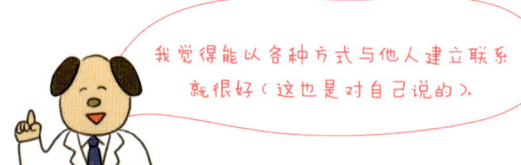

我觉得能以各种方式与他人建立联系就很好(这也是对自己说的)。

迈向"社恐人时代"

我感觉自己作为一个所谓的"社恐人"已经度过了半生。

其实,我很想与他人交往,但总是无法顺利融入,又因为害怕受伤,就常常一个人待着。多年来,我一直对自己的这种性格感到自卑。不过最近,我觉得时代好像变了。

特别是新冠肺炎疫情之后,远程办公普及,不跟别人见面也能完成工作,听说职场中的酒会也少了。另外,这几年,视频网站等愈发盛行,不出家门也能享受的活动明显增加。

本来,出门与人聚会、参加酒会等活动,都要花钱。就这一点来说,社恐人可以省下这些无谓的社交费用。这么一想,突然觉得社恐人还挺赚的呢。我觉得,比起过去,现在这个时代更有利于社恐人快乐地生活。况且,人死的时候终究是孤独的。虽然我也向往与很多人一起热热闹闹地生活,但是归根结底,人类还是孤独的存在。

随着年龄的增长,我们会经历跟自己重要的人的离别,孤独感会变得越来越真实,越来越可怕。从这一点来看,社恐人在连自己都没有意识到的很早的时候,就开始了对孤独的耐受力锻炼。也许,内心真正拥有强大力量的,正是社恐人。

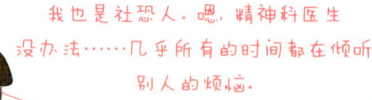

我也是社恐人。嗯,精神科医生没办法……几乎所有的时间都在倾听别人的烦恼。

第二章 不擅长人际交往也无妨

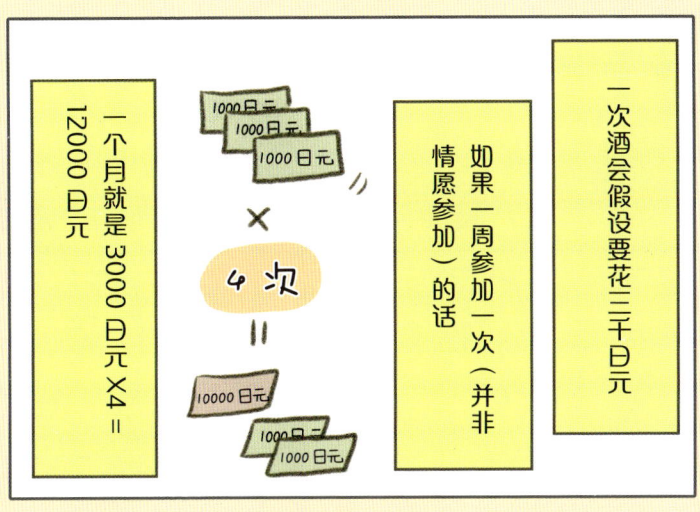

漫画 想不惧伤害，试着行动起来

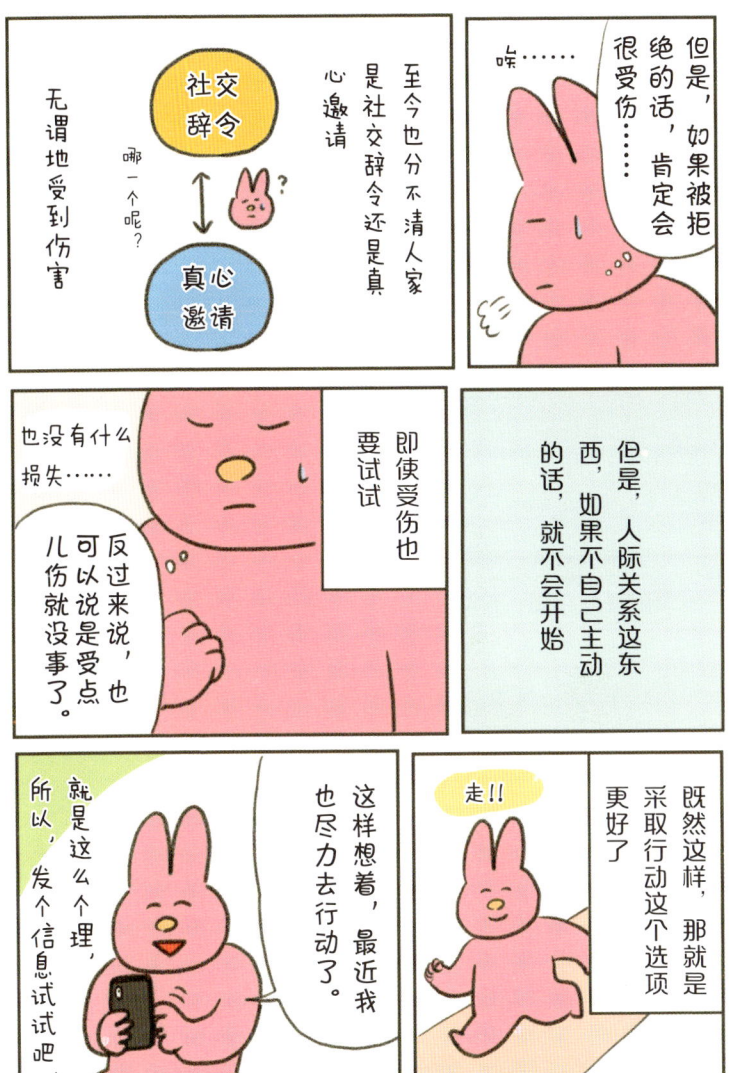

> 专栏

交往不顺利的原因，终究还是很难搞明白

人际关系真的很难啊。

与别人交往不顺利有可能是自己的问题，也有可能是对方的问题，或者双方都没有问题，只是性格不合才产生问题。

所以，我总是对患者说，希望你不要过于责备自己。即使周围的人说这说那，也不过是一些不甚了解情况的人随便说说而已，没必要太在意。

我经常觉得，不要过于自责，只要学会从容应对就可以了。有时候我会在现场直接表达出来。如果觉得现场气氛不适合表达，我就等待合适的时机再说。

本来人际关系就是非常复杂的，并不是所有人都能做到如鱼得水，只是周围的人不在意自己的笨拙罢了。就是这么回事。

当然，也有非常不擅长处理人际关系的人。这样的人，建议去精神科就诊。可以跟医生一起想想办法，通过训练，慢慢掌握其中的诀窍。

第三章

父母是父母，自己是自己，这样或许也不错

即使跟父母的期望背道而驰，我也想活出自己的人生

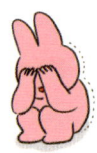

实际上，"尚喵"这个账号已经被父母知道了。当时，为了给我的第二部作品《我决定不在意》做售前宣传，我在自己的推特（现X）上发布了该书的内容。就在这时候，母亲突然打来了电话："喂，你出那种书没问题吗？"

听到这话，我整个人都僵住了。因为我之前从未告诉过家人自己在以"尚喵"的身份进行创作，就连曾因抑郁症停职的经历也一直瞒着他们。但是，如今全都暴露了。我在推特上倾诉的阴暗消沉，有时候还绘制埋怨父母的插画，全都被看见了。

我觉得非常羞耻，同时被一种极度的罪恶感包围。握着手机的手不住地颤抖，喉咙紧张得发干。

看来，母亲是在搜索我作为绘本作家的名字时，不知从哪里获得了这些信息。她似乎只是担心我而已。但是，被羞耻心和罪恶感吞噬的我反而责怪了为自己担心的母亲："为什么您不能假装没发现这件事呢？您告诉我这些有什么意义呢？"然后，我还半强硬地说，这是自己想做的事，对现在做的事情很满意，便挂断了电话。可是，用那样的语气责怪母亲，我非常后悔，挂了电话后就哭了起来。

如果可以的话，我不想被父母知道这些事：因为患上抑郁症上不了班，通过社交账号来倾诉自己内心的烦恼……

其实,很可能母亲很早之前就知道了。刚发现的时候,她肯定很震惊吧。因为我在父母面前一直扮演着积极开朗、与抑郁绝缘的形象。尤其是我母亲是一个认真努力的人,对容易烦恼或在意小事这样的性格持否定态度,跟我是截然不同的两种人。而且,她特别爱担心,平时不接个电话就不得了。所以,我没能说出口,总不能让一个容易担心的人平添忧虑吧。可最终,反倒是让她更加担心了。

那是我好不容易找到的安身之所

我在推特上袒露自己抑郁的内心世界时,温柔的粉丝们送给我很多共鸣的话语。有人甚至向我致谢:"谢谢你写出这些。"以前只做绘本工作的时候,即便画了插图,也几乎没有人看。因为抑郁症而停职的时候,更是被寂寞吞噬,没有人愿意倾听自己的心声。那是一种被整个世界拒绝的心情。但是,自从开始在社交平台发声后,总算有人能听到自己的声音了,我也逐渐生出些许自信。虽然不过是社交平台,但是那里确实是我的避风港。

然而,我却因此伤害了家人。

我这个人,虽然会这样那样地抱怨,但还是非常爱自己的家人的,希望家人过得幸福,不愿意让他们为我担心。可是,终究

还是让他们伤心了。自己究竟在追求什么?即使让自己重要的人难过也要做的意义何在?我搞不懂了。"对不起,一直瞒着你们。"我在心里无数次向家人道歉。在反复的自我诘问中,直到新书即将付梓之际,我终于下定了决心。

若能选择,自然还是尽可能地不被家人知晓。然而我觉得,对于那个没有经历叛逆期、察言观色长大的自己而言,或许这是重新活出自己人生的契机。尽管这会让家人伤心,但是这是真实的自己。而且,我一直想通过某种方式表现出来。不管别人怎么说,我都想表达自己的心声。今后也是。我再次做好了这样的心理准备。如果我们总是为了父母而活,就会失去自我。重要的是,我们要过的,是不被任何人定义的、属于自己的人生。

> 父母也曾是烦恼过的年轻人,
> 所以应该能像朋友一样理解孩子的烦恼。
> 但是,他们作为父母,也有责任……(但朋友不需要
> 背负这种责任啊!)

第三章 父母是父母，自己是自己，这样或许也不错

自己的心理账号被父母发现时非常难过

因为抑郁症而停职的事也暴露了……

完了……

父母肯定深受打击吧

因为我一直在父母面前扮演着开朗孩子的形象

烦恼之类的 一个都没有啦！

非常非常抱歉

但是，这就是自己，没办法

想重新审视真正意义上的家庭关系

超越"从未经历过"

其实一年前,我父亲的身体状况就不太好。听母亲说,他好像总是没有力气,一直躺在床上。今年年初,她终于把父亲带到心疗内科就诊。诊断结果是抑郁症,据说已是重症程度。

抑郁症并不像感冒那样,吃几天药就能痊愈。要是早发现这个情况就好了,我十分后悔。但是,家里发生了比父亲病情更令人担心的事情。

那就是患上抑郁症的父亲和无法接受现实的母亲之间的冲突。说是冲突,其实是面对单方面宣泄的母亲,无力反驳的父亲沉默不语,静静地躺在床上。即便是旁观者,也能感受到家里剑拔弩张的气氛。

从母亲那里得知父亲患上抑郁症后,我慌忙赶回老家,进门后却看到父亲跟往常一样在看电视,感觉挺有精神。虽然看到情况比想象中的好,我悬着的心略微放了下来,但我还是觉得父亲是在强撑着精神。而且,母亲似乎也有自己的烦恼,于是我决定当天住下来,观察一下两人的情况。

第二天早上醒来时,听到父母房间里传来这样的声音:"你打算躺到什么时候?整天让人担心很有意思吗?结婚以来一直让人各种担心,你倒是站在我的角度想想啊!"

听起来是父亲躺着不起,母亲生气地朝他抱怨。平时总爱躺

着的我觉得自己也被骂了，吓得赶紧跳了起来。而且，我觉得这情况实在不妙。

"哦，妈妈，您说这种话，爸爸就太可怜了。"我慌忙上前阻止。我无法理解母亲说出这种话的心情，决定好好听听她的想法。

第一次思考"认真"又"努力"的母亲的心情

母亲的说法是这样的：父亲虽然患了抑郁症，但也不能由着自己整天躺着，这对恢复健康也没什么好处。而且，母亲看到父亲整天躺着，心里也不好受。她说自己并不想说那样的话，每次严厉责备后又会陷入深深的自责，心情很低落。

原来如此，我想。但是，自己亲历过抑郁症，深知从床上爬不起来的痛苦，所以说实话，我觉得母亲一点儿也不温柔。

母亲从小就是个特别认真、特别努力的人，总是把"加油"挂在嘴边。而且，母亲从未得过抑郁症，所以无法理解患上抑郁症的人的痛苦。未曾经历就无法感同身受，这是人之常情。但是，努力尝试着靠近并理解是可以的。

可是，为什么不能这么做呢？我不由得对母亲生出烦躁情绪来。但是，这么想之后，我又意识到一个问题：谴责母亲的自己，不也因为跟母亲不是一类人而无法理解她的心情吗？

孩子发来的信息，对于父母来说是莫大的慰藉。

　　如果自己跟母亲性格相似，处境也一样的话，或许会对父亲说同样的话。世界上有各种各样的人，无论兴趣还是性情都各不相同，总有人会爱上自己无法理解的东西，并为之烦恼、受伤。也许母亲在承受着独属于她的伤痛、悲伤与难过。而这些，只有母亲一个人懂。

　　我这才意识到，自己从未好好想过守护抑郁症患者的家属承受着怎样的痛苦。无法理解抑郁症的母亲和无法理解母亲的我，本质上是一样的。单方面责备母亲是不对的。

　　回到自己家以后，我想了想自己能为老家的父母做点儿什么，决定给两个人多发信息。内容无非是"精神还好吗？""不要紧吧？""好好休息啊！"这样的只言片语，或是一张随手拍的猫咪照片。虽然不是什么了不起的内容，但是我觉得定期传递这份牵挂很有意义，所以一直在坚持着。

不想对亲人的离世过度悲伤

我就是所谓的"爷爷奶奶带大的孩子"。在孩提时代,因为父母工作忙,住在老家附近的祖父母经常照顾我。祖父母特别慈祥,每次去他们家玩,他们总是笑脸相迎:"你来啦。"也许因为我是孙子辈中唯一的女孩,他们对我尤为宠爱。比如,我在传单背面画个画,他们会表扬我"画得真好,画得真好",还把它装进精美的相框挂起来;只要我打电话说"想去玩",祖父无论在哪里,都会立刻买上甜甜圈,开车来接我。父母对我很严厉,但祖父母家像乐园一样自由温暖。

随着年龄的增长,我慢慢明白了世界并不是以自己为中心运转这一理所当然的现实。即便有时候会受伤,但只要去祖父母家,就觉得无论怎样的自己都会得到肯定。这让我觉得,就算当不了这个世界的主角,至少在祖父母面前,我永远是他们珍视的主角,可以做真实的自己。祖父母家对我来说,既是舒适的居所,也是肯定自我的心灵避风港。

可是,爱我的祖父在二〇二二年去世了,享年九十三岁,算是寿终正寝。祖父晚年时因认知症加重住进了护理机构。当时正逢新冠肺炎疫情期间,探视受限,所以我几乎见不到祖父。从母亲那里得知他身体状况不好时,我自认为已经做好了心理准备。但是,当真正听到讣告的时候,我还是非常震惊,肠胃疼得揪在

一起,就像已经拧干的毛巾又被使劲拧了一样。伴随着剧烈的疼痛,泪水止不住地往下流。我想,这便是真正的悲伤啊。

葬礼结束后,悲伤仍在继续。自己鲜少经历亲人离世,因此尚未具备承受亲人死亡的坚强。虽然一再鼓励自己要打起精神来,但是一想到再也见不到祖父了,就感觉自己好像被推下了悬崖。

即使后悔无数次,祖父也不在了

自从祖父住进护理机构后,说实话,我很害怕见到他。如果祖父与记忆中的祖父判若两人怎么办?有没有可能他已经忘记了我是谁?这么担心着,迟迟不敢去探望。明明曾经被他那样珍视,自己却如此薄情,哪怕表达一下感谢之情也好啊。我无数次被后悔吞噬着内心,做什么都不高兴,过了一段怎么也振作不起来的日子。

可是,有一次,我突然想:如果立场对调会怎么样呢?如果自己离开,能够被人牵挂这件事本身,就非常值得感谢。但是,如果对方一直沉浸在悲伤中的话,我反而会深感抱歉。我希望对方不要为我哭泣,希望他们早日把我忘记,从明天开始继续快乐地生活。如果对方是对我来说很重要的人的话,就更不用说了。

或许祖父也是这样想的吧。若是这样的话,过度悲伤反而是

对他的失礼。与其悲伤度日,不如像往常一样生活,或许这对祖父来说才是他的幸福所在。

经常听到这样的话:"有人为他这么难过,他好幸福啊!""天堂的那个人也会开心的!"实际上,生者的悲伤是真实的,死者被爱的事实也很了不起。但是,我觉得这并非衡量爱意的唯一标准。正因为心里想着已经去世的人,才特意选择不哭,这也是一种爱的证明。对于去世的人来说,什么才是最令他开心的呢?静静思考,然后默默践行。所谓追思与敬意,或许应该是这样的吧。

对于祖父来说,他肯定更愿意看到我元气满满地生活吧。既然如此,那我便活成他期待的样子吧。这般想着,我自然而然地迈出了前进的步伐。

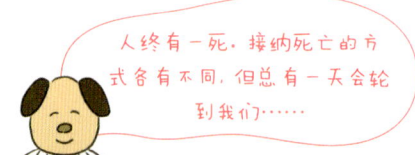

人终有一死,接纳死亡的方式各有不同,但总有一天会轮到我们……

尊重谎言之下的温柔

我的祖父母一直共同生活到八十多岁,但是祖父因认知症恶化住进护理机构后,祖母便搬回老家与我的父母住在一起。然而几年前,她的腰腿病日渐严重,最终无法独立行动,便住进了跟祖父不同的护理机构。也就是说,两人虽是夫妻,却生活在不同的地方。

二〇二二年一月,祖父去世。受新冠肺炎疫情的影响,举行了一场只有家里人参加的简单葬礼。但是,那里没有祖母的身影,因为没有人告诉她祖父去世的消息。

祖父去世时,祖母身体也很差,正在住院治疗。这时候如果告诉她祖父去世的事情,无论在精神上还是在身体上,她都会承受不住。父母因为这样的担心,决定先不告诉她,我也默契地配合着他们。我们一直跟祖母撒谎说,祖父在别的护理机构健康地生活着。

说谎不好。如果可能的话,我想对自己和对他人都活得坦荡。可是我觉得,并不是所有人都能坚强到可以接受痛苦的现实,很多时候不说出实情反而能让人更加轻松。我想肯定为他人着想而说的"温柔谎言"。

> 并不是所有事情都应该立刻说出口,也不是每句真话都非讲不可。

希望能坦然拥抱时代变化

最近，我每次回老家都有点儿郁闷。

虽然老家离我现在住的地方比较近，很快就能回去，但每次回家都会感到悲伤。

一踏出车站，陌生的商业设施和酒店鳞次栉比，而小时候攒下零用钱，跟朋友一起去买贴纸和笔的文具店已经了无踪迹。曾经街上最大的书店，如今连建筑本体都被拆除。最喜欢的祖父母家，现在已空无一人。

打开老家的大门，父母仍带着熟悉的笑容相迎，但感觉他们比以前瘦多了，仿佛整体缩小了一圈。孩提时代一起生活的猫也在几年前离开了这个世界。

街道在变，人也在变。虽然这是理所当然的事情，但我还是时常会寂寞得想哭。躺在自己曾经住过的房间里，看着泛黄的壁纸，仍会觉得自己像个被时光遗落在原地的孩童。我不擅长应对变化。如果可以的话，我希望一切都不要变。

但是，所谓活着，也许就是一边放弃一边接受变化的过程。变化有时会伴随着寂寞和疼痛，我希望有一颗坚强的心，能够连那些痛苦也一并接收。

> 所谓变化，本就是存在形式的交响变奏。虽然有时会感到悲伤，但也只能接受并继续前行……

漫画 想让自己周围的人幸福

> 专栏

对父母的意见保持适当参考的温度感刚刚好

父母是父母，自己是自己。我们好像总是很难分得这么清楚。

大家很容易把自己的父母过度理想化，或者过度害怕父母。50多岁的社长会害怕年过90岁的上一任社长（父亲），也会向他们请教经营建议等。但是，周围的人看了会想："生活的时代不同了，能收到正确的建议吗？"

父母也没有那么伟大，跟街头巷尾的大叔大妈没什么区别，都是随处可见的平凡人。无论多么成功的人，他的想法都会带有浓厚的"个人喜好"。无论是艺术家还是教师，他们都不太了解子女这一代的事情。

最了解自己的人永远是自己。因此，我们可以对自己的想法充满自信。如果感到不安，就找个人商量一下。如果失败了，到时候再去依靠某个人也不迟。但是，没有必要把任何人绝对权威化，即使他们是我们的父母。

自己的幸福自己最清楚。所以，请对自己有信心。我认为，父母的建议，我们要虚心听取，但是没有必要全盘遵从。

第四章

也许应该坦诚面对自己的情感

容易消沉的人反而不适合对自己抱有期待

"如果因为这么点儿小事就消沉的话，你以后会活不下去的啊。"小时候，我因为太容易陷入情绪低落，多次被班主任老师这么提醒。有一次，我认真思考自己为何会这么容易情绪低落时突然发现，原来那是因为对自己抱有期待。

明明可以在考试中取得更好的成绩，刚才的对话要是更得体就好了……不不不，事情不会按照我们的意愿进行，现实中的自己也没有想象中的那么厉害。

既然如此，那就停止自我期待吧。这么一来，真的不像以前那么消沉了。即使事情进展不顺利，也能坦然接受："行啊，反正我就是这个水平。"甚至会产生"勇于挑战就很了不起"的自我鼓励。此外，在开始做事情时，也不用承受过多的压力。比如现在写文章的时候，想着反正自己也没多厉害，能写一行是一行，结果反而能写完。我觉得不去期待自己，反而让很多事情朝着好的方向发展。

越是容易消沉的时候，越要有意识地降低对自己的要求。与其在无谓的消沉中备受煎熬，不如"没心没肺"地过好每一天。

"防御性悲观主义"是日本人擅长的思维方式。先做好"反正会很糟糕"的心理建设，即使事情进展不顺利，自己也不会太受伤，因为本来就没有期待顺利。如果顺利的话，那是幸运。

被消极语言拯救的回忆

在因为抑郁症而停职休养的那些日子里，我沉溺于消极思维的漩涡中。为了逃避现实，大白天就喝起了啤酒。

但是有一天，我突然被一种"再这样消沉下去，也许会死掉"的不安包围了。必须振作起来啊，于是我去书店买了很多自我启发类的书，并疯狂读起来。但是，这些书没有一本能够打动我。那些成功人士的名言完全进不了我的内心。说句失礼的话，我感觉那些话都是强者从"傲视的高姿态视角"说出来的，很让人痛苦。

相反，我读了芥川奖获奖作品——西村贤太先生的私小说《苦役列车》后，内心非常感动。书中描绘了一个靠打零工维生、既没有朋友也没有恋人的悲惨男人的形象，对主人公那种充满嫉妒、丑陋又可悲的情感描写得非常真实。我感觉那简直就像平行世界里的自己。这让我觉得灰暗的自己也许也能活下去，于是自然而然地变得积极起来。

这个世界有一种强大的积极倾向，所以有时我们会被一种"必须积极起来"的强迫感包围。但是，积极并不是生活的全部，消极语言有时候更能贴近某些人的内心。你的积极很棒，你的消极也很精彩。

伤痕将我们连在一起

我因为抑郁症在家休养的那段时间,几乎不跟任何人见面,大多一个人待在家里。或许是反弹效应使然,有一天,我突然想跟人说话,便约了复读期间关照过我的数学老师去喝酒。

在居酒屋里,老师滔滔不绝地讲着高深的数学理论。说实话,我听得云里雾里,听不懂老师在讲什么,就想试着聊聊自己的事,于是说了自己因为抑郁症停职,无法工作的痛苦经历。没想到老师突然哭了起来。童年因为缺乏父爱而内心不安,妻子离家出走,与女儿相处得不好……不知道是不是因为喝多了酒,老师抽噎着跟我倾诉。啊,原来这个人的生活是这样的啊,我莫名地松了口气。后来,我们去唱了卡拉OK,又在公园喝了罐装啤酒。吹着夏日舒适的晚风,我感觉自己交到了朋友。

原来每个人都带着伤痕活着,再厉害的人也不例外。伤痕从外表是看不出来的,因为有羞耻心和自尊心,人们总是会习惯性地将其隐藏起来。但是,当真正失落的时候,这些伤痕有时候会成为别人的救赎。通过把自己的伤痕展示给别人,彼此就会心灵相通。那些被隐藏的东西里往往藏着真相,或许伤痕会让人与人之间产生深刻的联结。

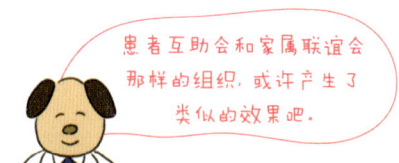

患者互助会和家属联谊会那样的组织,或许产生了类似的效果吧。

胆小反而能保命

因为我具有高敏感人格特质,所以特别害怕巨大的声响。从汽车的鸣笛声到狗的狂吠声,每次听到很大的声音,我都吓得心脏快要跳出来。因为每天都在担心这样的事情发生,所以平时活得就像只惊弓之鸟,我就是所谓的"胆小鬼"体质。

一般来说,"胆小鬼"往往给人一种懦弱胆怯的印象。确实,当遇到突发状况时,比起战战兢兢的人,那些镇定自若的人更能给人安全感。我也想成为那样的人,曾迫切想改掉害怕的毛病。但是,我遇到一个人,他让我觉得害怕也是很重要的,也是一个优点。

那是二〇一一年三月十一日,东日本大地震发生的时候。当时,我正在位于东京都一栋办公楼十一楼的一家出版社上班。突然,我感觉办公室的地板传来"咕嘟咕嘟"的震动,好像有什么东西沸腾了。摇晃逐渐加剧。"啊,是不是很危险啊?""是不是该赶紧逃啊?"我跟周围的同事交换着眼神,心神不宁。几秒钟后,就像被抛进了大海一般,一阵剧烈的摇晃袭来。书架倒塌,所有的书稀里哗啦地掉到眼前。

后来听说,这座大楼当时就像软糖一样扭曲变形。当然,胆小的我更是躲在桌子底下一边哭一边忍耐着恐惧:"啊,人生结束了……"感觉那几十秒的时间就跟几十分钟一样漫长。

　　幸运的是，办公室里只是书架全部倒了，没有发生太大的事故。公司立即进行了人员安全排查，结果发现隔壁部门的一位前辈不见了踪影。明明刚才还在的，他究竟去了哪里？公司里议论纷纷。大约三十分钟后，那位前辈回来了。他说自己"在意识到地震的那一瞬间很害怕，就往外面跑了。因为电梯停了，所以是从楼梯跑下去的"。那位前辈在公司里是屈指可数的大块头，拥有专业摔跤手一般的强健体魄。想象着那位前辈害怕得比谁跑得都快，从十一楼往下冲的身影，我莫名觉得他真是厉害啊。

应该相信内心的恐惧感应器果断逃跑才对

　　虽然一个人逃跑后又回来的前辈有些不太好意思，但是我一边将倒在地上的书架扶正，收拾着散落一地的书，一边觉得最先逃跑的前辈很明智。回到家后，当在新闻上看到这次地震及其造成的巨大损失时，我突然很后悔：当时为什么没有立刻逃跑呢？

　　"好可怕，不好啦……"当内心的恐惧感应器发出这样的警报时，我们应该立即逃到安全的地方。虽然那次我很幸运，没有受到太大的伤害，但是如果情况不同，后果可能就不堪设想。那可不是一个顾得上察言观色的时候。虽然可能会觉得大家都没有逃跑，只有自己忙不迭地逃跑有些丢人，但是如果为了面子一味逞

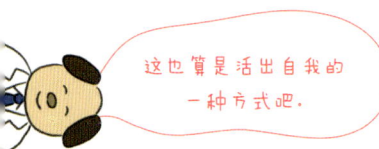

这也算是活出自我的一种方式吧。

强的话,就会保护不了自己。害怕反而能让人活下来。

从那以后,只要稍微感觉到地震,即使正在咖啡馆里喝茶,我也会立即丢下包往外冲。跟周围人交换眼神,探究"这是很吓人的那种吗?",在这种沉默的交流中,如果遇上大地震,很可能就被卷入其中。有这几秒钟的时间,还是拔腿就跑比较好。

虽然经常遇到地震震级很小,只有我一个人夸张地往外跑,然后作为一个胆小鬼重返店内的情况,但是我觉得这样就好。恐惧是保护自己的感应器,是保护自己的武器。当然会觉得难为情,但我还是会表扬自己:"做得对,这是保护自己的行动!"

处于想要接纳衰老与心有不甘的夹缝中

我最近的烦恼之一是"衰老"。在这两三年里,我感觉白发在零零星星地往外冒,脸颊似乎也有些下垂。每次照镜子,都会被一种虚无侵袭:人就是这样一点点地老去的啊。

虽说如此,我还是想尽量做抵抗衰老的那一派,所以,把白发染了,前几天还做了能进行面部提升的激光治疗。这就是所谓的抗衰老。说实话,我觉得自己并没有多大的变化,但做了总比不做强,所以今后还想继续尝试。

但是,问题在于金钱,抗衰老是需要花钱的。白发染过后还会再长出来,用激光暂时提升的脸颊过一段时间,还是会因败给地心引力而下垂。时间和重力这样的物理法则,终究是无法抵抗的。还是干脆利落地接受衰老,放弃抵抗会活得更容易一些吧。我很想这样说服自己,但现实是很难做到这么豁达的。

毕竟,我想喜欢自己。比起看着下垂的脸颊感到绝望,我更愿意为比昨天更有弹性的肌肤而开心,即使那只是自己一厢情愿的错觉。

说到底,幸福是一种自我满足。比起强行说服自己放弃抵抗,妥协着生活,我宁愿一边烦恼一边抗争。我觉得这样更幸福,至少现在是这样的。

想变瘦,想保持美丽,这是人的本能。不必否定,学会与之共处才是上策。

当我思考究竟何为成长时

一直以来,听到别人说"我想成长",我总觉得无法真正理解。就连在求职面试被问到应聘动机的时候,大家也像超市商品上贴的价格标签似的,异口同声地说:"我觉得能在贵公司成长,所以前来应聘。"

说实话,我没搞明白。所谓成长,应该是在某一个瞬间停下脚步,回头望去时,恍然发觉"我成长了"的东西。难道它能从一开始就成为做事的动机或目标吗?

正因为有这样的感觉,所以,当工作没有成果的时候,即使听到"但是,通过这件事你也成长了"这样的安慰,说实话,我的心中也没有任何波澜。比起这种话,我更想要具体的结果。我不希望用"成长"这种模糊的感觉来糊弄自己。但是,这样的我也有过"能成长真是太好了"的体验。

某天,我得知自己的伴侣是某个地下女子偶像团体的粉丝。那位偶像还举办跟粉丝一起拍照的摄影会。渐渐地,伴侣也开始参加这个活动了。这让我觉得非常讨厌,讨厌程度之高连自己都不敢相信。

比起担心伴侣被抢走这种不切实际的恐惧,我更讨厌的是看到比自己年轻耀眼的女孩时,那种被刺激的自卑感。但是,这样的想法太自私了。我也有喜欢的偶像,对方又没做错什么。我们

没有因为自己的占有欲和嫉妒心剥夺他人喜好的权利。

因为讨厌那样的自己,所以每次伴侣去看偶像的演唱会时,我都会强迫自己给他发送带着明亮表情图片的信息:"要玩得开心啊!"但是,每次发完后我都会很失落。真可笑啊,连真心话都不敢说出口,多么可悲。这种闷闷不乐的情绪持续了很长一段时间。

看了偶像的演唱会,自己由衷地被感动了

直到有一天,我的忍耐终于达到了极限。那天我因为感冒,身体不舒服,愤怒和痛苦混杂在一起,我内心情感的闸门突然崩开。在那个说要去看演唱会的人面前,我抽抽搭搭地哭了起来,并告诉他自己一直很讨厌这件事。伴侣有点儿不知如何是好,可还是告诉我,他并不觉得内疚。然后不知道为什么,结果变成了我跟着他一起去看下一场演出。

接受他的邀请,我去了那个偶像的演唱会现场。说实话,一路上我十分郁闷。要是欣赏不了怎么办?如果自己又积压了负面情绪,控制不住朝对方发泄怎么办?我忐忑不安地等待着演唱会的开始。

演唱会终于开始了。伴随着震耳欲聋的音乐,身着闪亮服装的偶像们登上了舞台。她们全力唱跳却始终保持着灿烂笑容的模

人是会改变与成长的。
一切伤痛都会痊愈。
所以不必着急，静候花开。
享受人生吧。

样是那么耀眼。从她们倾尽全力让观众乐在其中的表演中，我感受到了她们作为职业艺人的尊严。"好可爱啊，好出色啊！"我发出由衷的赞叹，甚至发现自己也喜欢上了她们，成为她们的粉丝。我被自己的这个想法吓了一跳，拼命地挥舞着荧光棒。

厨艺进步了，画技提升了，工作上出了成绩……人有各种各样的"成长"。但是，直面内心的问题并跨越它，也是一种能够带来喜悦的"成长"。

对我而言，自己不过是去看了场演唱会，打从心底觉得偶像们很可爱而已。在旁人眼里，这或许根本算不上成长。但在那一刻，我明显感觉到自己突破了某种桎梏，实现了成长。而且，我觉得比以前更喜欢这样的自己了。

即使不出家门，也想感受幸福

如果有人问我："你最喜欢的一个词是什么？"我会回答"贪睡"吧。我非常喜欢睡觉。

我喜欢以酣然大睡结束一天，也喜欢在午饭后跟猫咪一起打瞌睡。只要一有机会，我基本上就在睡觉，有时候甚至比猫咪还能睡，所以我觉得自己的睡眠时间远超日本人的平均睡眠时长。而且，我认为这样的自己也不错。

但是，即便是这样的自己，在触及"人的一生很短暂"这类观点的时候，也会对贪睡产生些许罪恶感。

为了提醒世人要珍惜生活中的每一天，人们有时会用人一生的时间打比方：人这一生，如果能活到九十岁，大约有三万三千天。换算成小时的话，大约有七十八万九千小时。所以，我们不能浪费每一天，要惜时如金，用心生活。我经常在很多地方听到、见到这样的观点，并深感赞同。但是，如果被这种观念束缚得太紧的话，我的情绪就会非常低落。

之所以这样说，是因为我会感到一种罪恶感袭来："人的一生很短暂，为什么自己又窝在被窝里呼呼大睡呢？"

特别是在天气晴朗的日子里，这种心情更加强烈。既有世间盛行的"这么好的天气不出门真是太浪费了"的观点在作怪，也有自己的不安：这么好的天气，是不是应该出去和别人见面，度

过所谓"充实"的一天呢?

明明那么喜欢睡觉却心怀愧疚,这实在太可悲了

特别是我这个人,有时候会患上抑郁症,即使想起身,也只能躺在床上。这种时候,一想起"人生短暂"的训诫,就会陷入绝望。想休息也不能真正放松,明明很喜欢睡觉,却觉得自己在做非常不好的事情。特别是对于勤劳的日本人来说,这种感觉更强烈吧。

记得我在停职期间去越南旅行时,看到很多越南人大白天就在吊床和摩托车上懒洋洋地睡大觉,非常吃惊,不禁问当地的导游:"为什么他们大白天就这样睡觉呢?"导游直接回答:"因为困啊。"语气里带着一种理所当然。这让我更加吃惊。当然,并不是所有人都这样,但我觉得"睡觉和休息是理所当然的事情"的观念,已经融入了当地人的日常生活。这让我感到一种莫名的安心,心情舒畅。

话说回来,所谓"充实"究竟是什么呢?世人眼中的"现充"(即"现实生活很充实的人生赢家"),看似每天去各种各样的地方,见各种各样的人,过着充实的生活。但是,我听说很多这样的人内心空虚,困惑于自己每天都在忙些什么。这是为什么呢?

其实,真正的"充实"并不在于行动的多寡,而在于心灵的满足感。所谓人生,关键在于自己能支配的时间。时间是客观存在的物理量,人幸福与否,唯有自己知道。即便那个时间用来睡觉了,如果能觉得"今天睡了好多觉好幸福""得到充分休息真是太好啦",那就是确凿无疑的"充实"。若能这样度过一天,不管别人怎么说,我们都可以认为"今天又度过了幸福而有意义的一天",这样不是很好吗?

无论天气多么晴朗,我都希望一步也不出门,悠闲地待在家里的自己能够感到幸福。人生重要的是,要明白自己真正想要的是什么。今后,我要继续做那个特别爱睡觉的自己。

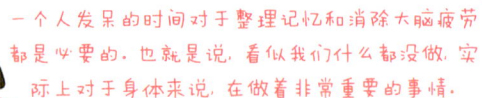

一个人发呆的时间对于整理记忆和消除大脑疲劳都是必要的。也就是说,看似我们什么都没做,实际上对于身体来说,在做着非常重要的事情。

存在本身就很美好

我跟三只猫咪生活在一起。每只猫咪都可爱得不可救药。吃东西时可爱，睡觉时可爱。即便是打翻猫砂，扯乱我的头发，抓烂窗帘，也依然可爱。总之，不管做什么，它们都很可爱。

有一天，我正在洗东西，蓦然回首，发现猫咪蹲在那里。"哎呀，你在这里啊！好可爱！"我不由得脱口而出。这一瞬间，我顿悟：原来它只是在这里就很可爱。也就是说，存在就很可爱，很珍贵。

也许婴儿也是如此。只是在那里，就很可爱。能吃了，会走了，会上厕所了，如此等等，不管做什么都会受到夸赞。

可是，随着年龄的增长，人成为社会性动物，越来越得不到表扬。做得到是理所当然的，做不到便会受到指责。可明明曾是一个仅仅在那里就很可爱、就那么珍贵的存在。

当然，将成年人跟猫咪和婴儿相比，也许本身就是个错误。但从本质上说，人类无论多大的年龄，难道不都应该因存在本身而可爱、珍贵吗？地位、名誉、美貌、金钱，如果拥有当然很好，不过那些都是附属品，没有也无须烦恼。

存在即珍贵。不是"可以存在"，而是存在本身就很美好。我认为这是生命的前提，是贯穿所有生灵的本质。

若能成为一个懂得赞美成年人的人就好了。加油！做点赞达人！

共鸣是最好的良药

我每天在社交网络上倾诉自己的抑郁和内心的烦恼,从而与很多同病相怜的人建立了联系。

在社交网络上,平时那些羞于启齿、无人理解的烦恼能够获得共鸣。而且,在有同样烦恼的那些人所说的话中,我看到了自己。他们的心情,我懂,自己也有同感。这让我的内心得以放松:"原来我并不是一个人啊。"由此产生的连锁反应,让自己发自内心地感到喜悦。

这是我通过社交网络获得的感情。特别是我们内心的烦恼,很难跟别人说出口。但实际上,很多人有同样的烦恼,都有着无法向别人倾诉的痛苦。当我得知这些事情的时候,感觉自己获得了一种基于安心的强大力量。我觉得共鸣是最好的"良药"。

一直以来,我都认为解决问题的方法必须具体而现实。但是,现在我的想法变了。特别是对于心理困扰而言,共鸣本身就是一种很好的救赎。我觉得,越是共情能力强的高敏感人群,越能在自己都未曾意识到的地方拯救别人。

很多高敏感的人觉得活得很辛苦,但我由衷地希望,每个敏感的灵魂都能为自己的气质和性格感到自豪。

> 人生的问题错综复杂,有些确实难以解决,只能选择接受或放弃。我们不要把放弃视为屈辱的妥协,而是要心平气和地接纳这份无奈。

漫画 想把心填满珍宝

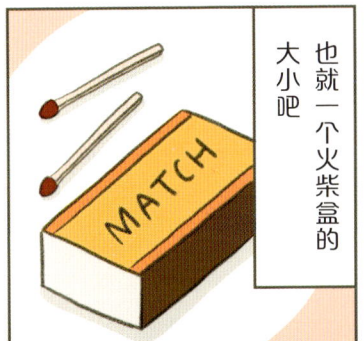

后记

"为什么活得这么辛苦呢?"从很早之前开始,我就时常这么苦恼着。

早上跟人打个招呼,却结巴了起来:"早……早上好!"这事能让我耿耿于怀一整天,沮丧得很。连打个招呼都这样,与人交谈就更容易受伤了。"当时要是这么说就好了。""我的笑容自然吗?"……在家里开始了一个人的反省会,疲惫不堪地结束了一天的生活。

大家都是这样的吗?大家都觉得光活着就很累吗?我一直这么琢磨着。

但是有一天,我跟一位朋友倾诉了自己的烦恼后,她说:"一般人不会考虑那么多的,我觉得你是高敏感气质。"顿时,我觉得所有的事情都明白了。之前自己过于在意他人看法、害怕声音、思虑过重等,一直以为是因为自己的心脏或大脑出了问题,整天提心吊胆的,原来是因为自己的气质啊。

语言这东西太厉害了。当学到一个新词汇,将它跟自己的经历联系起来的时候,之前无法表达的感觉一下子变得轮廓清晰、成形了。就像海伦·凯勒第一次触摸水时,不由自主地说出"water(水)"一样,我发自内心地想说:"高敏感人群!"

与此同时,一想到还有很多人和我一样,因为这种气质活得

很辛苦，心中就觉得有些悲伤。

话说回来，活得很辛苦到底是怎么回事呢？

回首往事，会发现这种气质带来很多烦恼。但奇妙的是，正因为有那些烦恼，我才清晰地记住了那些风景，这连我自己都感到惊讶。每份烦恼、失落的感情深度，都化作记忆相机的对焦精度，让每个场景都历历在目。后来才知晓，好像心灵震荡越强烈的事情，越容易在记忆中扎根。

人生途中，我们会遗忘很多事情。有好的事情，也有糟糕的事情，还有让人悲伤的事情。当然，遗忘有时也是一种救赎，但不管是何种回忆，每一段经历都是属于自己的珍贵财富。或许我们高敏感人群，被赋予了能够珍藏更多记忆相册的天赋吧。

尚喵
二〇二三年秋

解说 HSP的背后也许潜藏着多种病症

早稻田心理诊所院长　益田裕介

HSP（Highly Sensitive Person，高敏感人群）这个词常被认为是医学用语，但实际上并非如此。另外，这个概念本身也掺杂着非科学成分。

HSP的理论基础是心理学上的"感觉处理敏感性"。人的敏感度各有不同，特别是敏感的人跟其他人相比，更容易感到活得累。在成长过程中，这些人会有不同的特征。这些特征可能是优点，也可能表现为缺点。但是，这些特征会因每个人的环境和性格不同而有所差异，所以用HSP这一单一概念来概括并不合适。

HSP这个词广为人知，既有好的一面，也有不好的一面。

所谓好的一面，是能够唤起人们对心理健康的关注，也为那些感觉活得累的人提供了某种答案。尚喵女士也是因此受益的人之一。

所谓不好的一面，是给人们带来误解，使那些感觉活得累的人远离医疗和福利制度，反而被不恰当的商业活动吸引。

HSP这个概念与商业挂钩，受到很多人的关注。因此，越来越多的人花费大量金钱接受非专业人士的心理咨询和生活方式指导。

真正需要医疗帮助的人如果被卷入这类商业活动，可能会失

益田裕介
精神保健指定医生、精神科专业医生、指导医生，毕业于防卫医科大学。曾就职于防卫医科大学医院、埼玉县县立精神神经医疗中心等，现任早稻田心理诊所院长。曾主办在线自助会和心理健康类的视频会议等。

去获得正规医疗服务的机会。比如，过度的人际焦虑是社交恐惧症和回避型人格障碍的征兆，药物疗法和认知行为疗法对此有效。此外，如果有强烈的不安情绪，则可能患有抑郁症、双相情感障碍或精神分裂症，这些疾病可以通过药物治疗。

有些人觉得药物可怕，对其敬而远之。但是，在注意副作用的同时适量服用药物，很多烦恼会得到改善。进而言之，感觉过敏是神经发育障碍（发育障碍）的特征，通过适当的治疗，症状会得到缓解。

无论是哪一种疾病，只要与医疗相关，都有可能获得政府提供的福利支持。因此，当您觉得"自己是HSP，活得很累"的时候，希望您能把跟我们这样的精神科医生商量纳入视野，这或许能为您打开一扇新的大门。